카카오프렌즈

카카오프렌즈는 저마다의 개성과 인간적인 매력을 지닌
라이언, 무지, 어피치, 프로도, 네오, 튜브, 콘, 제이지, 춘식 총 아홉 명의 캐릭터가 함께합니다.
서로 다른 성격에 하나씩 콤플렉스를 가지고 있는 아홉 가지 캐릭터는 독특하면서도
우리 주변에서 쉽게 볼 수 있는 사람들의 모습을 그대로 반영해 많은 사랑을 받고 있습니다.
카카오프렌즈의 위트 넘치는 표정과 행동은 폭넓은 공감대를 형성하고 유쾌한 웃음을 선사합니다.

라이언 RYAN

갈기가 없는 수사자 라이언.
덩치가 크고 표정이 무뚝뚝하지만 여리고 섬세한 감성을 지닌 반전 매력의 소유자.
원래 아프리카 둥둥섬 왕위 계승자였으나, 자유로운 삶을 동경해 탈출!
카카오프렌즈의 든든한 조언자 역할을 하고 있다.

춘식 CHOONSIK

라이언이 길에서 주워 온 길고양이.
집 거실까지 들어와서야 상황을 파악했다.
서로 취향이 잘 맞는지 라이언의 집에 그대로 눌러앉아 버렸다.
어딘가 지켜 주고 싶은 귀여운 룸메이트 춘식이가 있어 라이언의 퇴근길이 쓸쓸하지 않다.

어피치 APEACH

유전자 변이로 자웅동주가 된 것을 알고 복숭아나무에서 탈출한 악동 복숭아 어피치!
애교 넘치는 표정과 행동으로 귀요미 역할을 한다.
매력적인 뒷모습으로 사람들을 홀리지만, 성격이 매우 급하고 과격하다.

튜브 TUBE
겁이 많고 마음 약한 오리 튜브.
작은 발이 콤플렉스여서 오리발을 착용한다. 미운오리새끼의 먼 친척뻘이다.
극도의 공포를 느끼거나 화가 나면 입에서 불을 뿜으며 밥상을 뒤엎는(?) 미친 오리로 변신하니 조심해야 한다.

네오 NEO
자기 자신을 가장 사랑하는 새침한 고양이 네오.
쇼핑을 좋아하는 패셔니스타다. 하지만 도도한 자신감이 단발머리 가발에서 나온다는 건 비밀!
공식 연인 프로도와 아옹다옹하는 모습이 사랑스럽다.

프로도 FRODO
잡종견이라는 태생적 콤플렉스를 가진 부잣집 도시 개 프로도.
네오와 공식 커플로 알콩달콩 애정공세를 펼친다.

무지 MUZI
호기심 많고 장난기 가득한 무지.
그 정체는 사실 토끼 옷을 입은 단무지다.
토끼 옷을 벗으면 부끄러움을 많이 탄다.

콘 CON
악어를 닮은 정체불명의 콘.
카카오프렌즈에서 가장 미스터리에 싸여 있다.
알고 보면 무지를 키운 능력자기도 하다.

제이지 JAY-G
땅속나라 고향에 대한 향수병이 있는 비밀 요원 제이지!
선글라스와 뽀글뽀글한 머리가 인상적이며 힙합 가수 JAY-Z의 열혈팬이다.
냉철해 보이는 겉모습과 달리, 알고 보면 외로움을 많이 타는 여린 감수성의 소유자다.

그 외 등장인물

지키리

히어로를 자칭하는 의욕 넘치는 소년.
그러나 카카오프렌즈의 활약을 시샘하느라
정작 구조 현장에서는 실수 연발이다.
덕분에 '레스큐맨'이라는 스승님에게 항상 혼만 난다.
구조대원이었던 아버지가 남긴 '매뉴얼'을 철석같이 따르지만,
매번 잘못 읽어 이상한 정보만 퍼트리는 골칫거리다.

세이프고

천재 박사가 세이프 뱅크에 남긴 최첨단 안전 인공지능…이었으나
정체불명의 침입자 때문에 데이터가 모조리 삭제되었다!
지금은 아주 기초적인 지식만 남은 상태다.
글로벌 안전 요원 카카오프렌즈의 도움을 받아
조금씩 안전 데이터를 되찾고 있다.
초기화된 탓에 인공지능답지 않게 맹한 편이다.

레스큐맨

지키리가 모시는 엄격한 스승님.
복면을 쓰고 있어서 그 정체는 수수께끼다.
언제나 화면 너머에서 어리바리한 지키리를 불같이 야단친다.
구조 지식과 능력은 상당한 것 같은데,
도대체 왜 카카오프렌즈를 견제하는 걸까…?

차례

1장 글로벌 안전 요원 카카오프렌즈, 출동! 7
지진이란 무엇일까?

2장 지진이 온다! 29
지진을 어떻게 알 수 있을까?

3장 수상한 녀석, 지키리 51
땅이 흔들린다! 어떡하지?

4장 끝나지 않은 위험, 여진 73
아직 안심은 금물이야!

5장 고마워, 생존 배낭! 95
이것만은 준비하고 기억하자!

6장 도시를 복구해라! 117
인류를 위협한 지진들

부록 _ 컬러링: 카카오프렌즈, 지진 안전을 부탁해!

안전을 부탁해! GOGO 카카오프렌즈 줄거리

세상의 모든 안전 데이터가 저장된 세이프 뱅크와 인공지능 세이프고. 그런데 정체불명의 침입자가 데이터를 모조리 없애 버렸다고?! 걱정 마시라, 글로벌 안전 요원 카카오프렌즈가 있으니까! 위험과 재난에서 사람들을 구해라! 자, 출동이다!

* 이 책의 만화는 어린이 독자의 재미와 학습을 위한 가상의 이야기입니다.
  등장하는 인물, 단체, 지역, 사건 등은 모두 실제와 관련 없는 창작물입니다.

글로벌 안전 요원 카카오프렌즈, 출동!

✿ **두꺼비집** 전기를 차단할 수 있는 안전장치.

 세이프고의 안전 데이터

지진이란 무엇일까?

 지진(地震, earthquake)이란 지구 안에서 갑자기 힘이 터져 나오며 땅이 흔들리고 갈라지는 현상을 말해요.

> 어디서 그런 힘이 생겨서 지진을 일으키는 거야?

 먼저 우리가 사는 지구의 구조를 알아야 해요. 지구의 바깥쪽 땅, 즉 **지각**은 퍼즐처럼 일곱 조각으로 나뉘어 있어요. 이 조각들은 **판** 또는 **지각판**이라고 불러요. 판은 그 속의 **맨틀**이라는 뜨겁고 물렁물렁한 돌 위에서 천천히 움직이고 있어요. 맨틀 아래는 **핵**이라고 해요. 핵의 바깥쪽 액체 부분은 **외핵**, 안쪽 고체 부분은 **내핵**이라고 불러요. 그리고 안쪽으로 들어갈수록 아주아주 뜨거워진답니다.

핵에서 나오는 뜨거운 열이 물렁물렁한 맨틀을 물처럼 끓여서, 맨틀 위를 떠다니는 판도 우리가 모르는 사이에 조금씩 움직여요. 판끼리 서로 멀어지고, 부딪히고, 스치고, 어긋날 때마다 땅속에 힘이 점점 쌓인답니다. 그러다가 힘이 꽉 차면 꽝! 터지고 지진이 일어나는 거예요. 이렇게 지진이 나는 이유를 판들의 움직임으로 설명하는 것을 **판 구조론**이라고 해요.

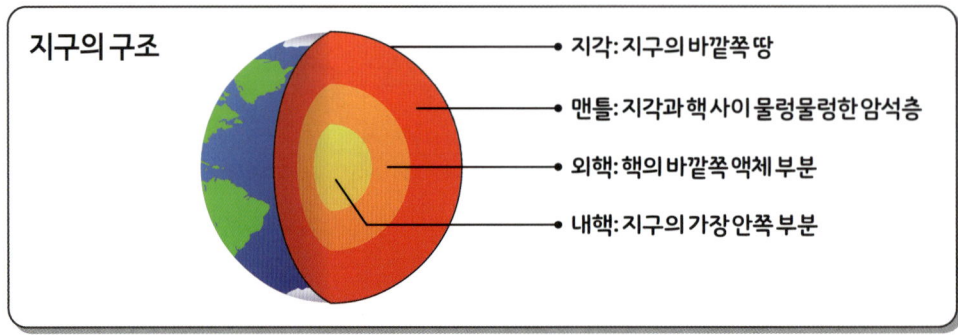

 퍼즐 같은 판의 조각들끼리 만나는 곳을 **경계**라고 불러요. 큰 지진은 바로 이 경계에서 자주 일어나요. 경계에는 세 가지 종류가 있어요. 먼저 **발산 경계(생성 경계)**는 판끼리 멀어지는 경계를 말해요. 갈라지며 생긴 틈으로 뜨거운 맨틀이 솟아오르면서 새로운 땅이 만들어질 때 지진이 일어나는 거예요. **수렴 경계(소멸 경계)**는 판끼리 서로 미는 경계를 말해요. 두 판이 부딪히다가 한쪽 판이 다른 판 아래로 쑥 들어갈 때, 혹은 서로를 꾹꾹 밀어서 큰 힘이 쌓이다가 터질 때 지진이 나지요. **보존 경계(변환 단층계)**는 판끼리 미끄러지는 경계예요. 두 판이 서로 다른 방향으로 스치듯 움직이다 보면 어긋나서 탁 걸렸다가 갑자기 휙 움직이는데, 이때 지진이 나는 거예요.

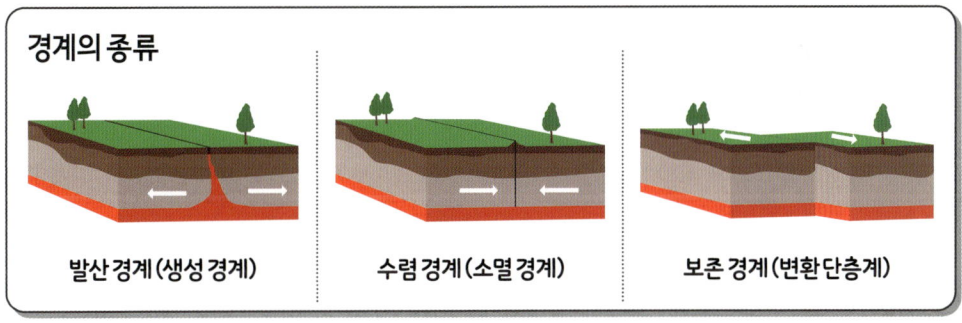

아하, 혹시 지진의 종류로 어떤 것들이 있어?

 지진은 생기는 원인에 따라 크게 두 가지로 나눌 수 있어요. 자연이 원인인 **자연 지진**과 사람이 원인인 **인공 지진**이에요. 자연 지진 안에도 세 종류가 있는데, 단층이 만들어질 때 일어나는 **구조 지진**, 화산이 폭발해서 일어나는 **화산 지진**, 그리고 지각 내부가 무너져서 일어나는 **함락 지진**이 있어요.

화산이랑 지각은 알겠는데, 단층이 뭐야?

 돌과 바위, 흙과 모래가 땅속에서 쌓여서 단단하게 층을 이룬 걸 **지층**이라고 해요. 이 지층이 움직이며 어긋난 게 바로 **단층**이지요. 어떤 방향으로 힘을 받아서 단층이 생겼는지에 따라서 종류가 나뉘어요. 양쪽에서 잡아당기는 힘으로 만들어지면 **정단층**, 양쪽에서 미는 힘으로 만들어지면 **역단층**, 양쪽에서 옆으로 미는 힘으로 수평으로 어긋나면 **주향 이동 단층**이에요.

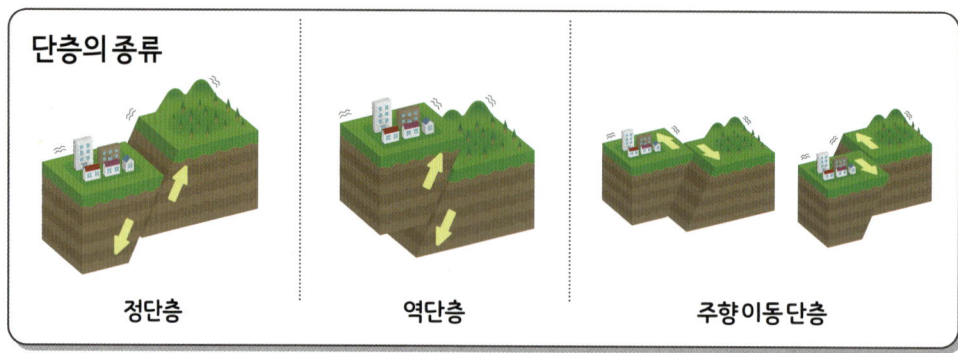

그럼, 지진은 어떻게 시작되는 거야?

지구 안쪽 암석층이 처음 파괴되며 지진이 시작되는 곳을 **진원**이라고 해요. 진원은 아주 깊게는 300킬로미터 이상, 얕게는 70킬로미터 미만 깊이에 위치해요. 여기서 거대한 힘의 파도, **지진파**가 생겨요. 그리고 진원에서 똑바로 올라가면 있는 땅 위 장소를 **진앙**이라고 해요. 지진이 발생하면 가장 먼저 진앙이 영향을 받고, 지진파가 중심에서 위쪽과 바깥쪽을 향해 퍼져 나가요.

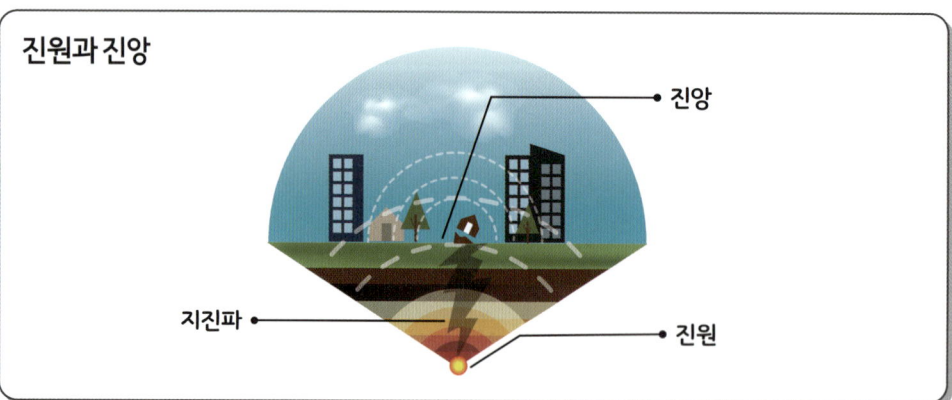

우아, 눈에 보이지 않는 지진파가 지구를 흔드는 거구나.

아주 큰 지진으로 만들어진 지진파는 지구를 타고 수천 킬로미터까지 갈 수 있답니다. 1960년 칠레에서 일어난 발디비아 지진의 지진파는 엄청나게 강력해서 지구를 스무 바퀴나 돌았고, 사람들이 이틀 넘게 진동을 느낄 정도였대요!

2장
지진이 온다!

세이프고의 안전 데이터
지진을 어떻게 알 수 있을까?

땅속에서 흔들림이 시작되면, 땅 위를 따라 퍼지는 진동을 기계로 기록하고 분석해서 지진이 났다는 걸 알 수 있어요.

> 지진이 생긴 걸 기계로 알 수 있다고?

물론이죠. **지진계**라는 기계로 지진을 관측하고 기록한답니다. 지진계는 땅이 흔들릴 때, 그 흔들림을 선으로 그리거나 전자 데이터로 저장해요. 지진이 언제 시작되었는지, 얼마나 많이 흔들렸는지, 어느 쪽으로 흔들렸는지 알려 준답니다.

세계 최초의 지진계는 약 1,800년 전, 중국의 과학자 장형이 만든 **지동의**라고 전해져요. 땅이 흔들릴 때 종이는 움직이지만 무거운 추는 제자리에 있으려 하는 관성을 이용했어요. 오늘날 지진계는 대부분 위아래, 앞뒤, 양옆 모든 방향의 움직임을 함께 잴 수 있는 전자식 기계예요.

지진계는 전 세계 곳곳에 설치되어 있어요. 한국은 기상청 지진센터와 전국 371곳의 지진관측소에 지진계가 있지요. 산속과 바닷속에서도 지진계가 실시간으로 지진을 감지하고 있답니다. 지진계가 어떻게 기록했는지 한번 볼까요?

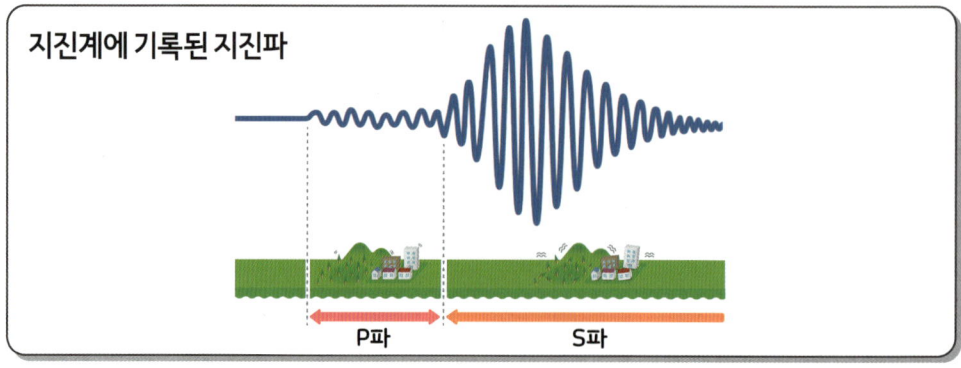

지진계에 기록된 지진파

> 꼬불꼬불한 선이 작아졌다 커졌다 하네?

바로 이게 지진이 났을 때 생기는 힘의 물결이에요. 지진이 일어나면 땅속의 힘이 파도처럼 퍼지는데, 이걸 **지진파**라고 해요. 이 지진파를 통해 지진이 일어난 위치와 크기 등을 알아낸답니다.

먼저 도착한 물결이 **P파**고, 그 다음에 따라온 물결이 **S파**예요. P파는 땅을 짓누르거나 잡아당겨요. P파가 움직이는 방향과 땅이 흔들리는 방향이 서로 나란하지요. S파는 땅을 위아래와 좌우로 흔들어요. S파가 움직이는 방향과 땅이 흔들리는 방향이 서로 수직이지요. P파가 S파보다 속도가 빠르지만, 땅에 미치는 피해는 S파가 훨씬 커요.

> 아하, 그럼 지진이 얼마나 큰지 재는 단위는 뭐라고 해?

지진의 크기는 **규모**라고 해요. 땅속에서 얼마나 큰 힘이 터졌는지 숫자로 정해 놓은 단위예요. 지진계의 흔들림으로 재는 **리히터 규모**와 땅속에서 실제로 얼마나 큰 에너지가 나왔는지 계산하는 **모멘트 규모**가 있어요. 1, 2, 3 같은 아라비아 숫자로 쓰고, 숫자가 클수록 더 큰 지진이에요. 규모가 1 올라갈 때마다 지진의 힘이 약 서른두 배나 커져요. 지금까지 한국에서 일어난 지진 중 가장 큰 것은 2016년 경주 지진으로 리히터 규모 5.8, 모멘트 규모 5.4였어요.

지진의 세기는 **진도**라고 해요. 우리가 실제로 느낀 흔들림, 피해의 정도를 단위로 나타낸 것이지요. 예를 들면 자동차가 흔들렸는지, 책장이 쓰러졌는지 같은 기준으로요. 진앙에 가까울수록 지진이 더 크게 느껴지기 때문에 지역마다 진도도 다를 수 있어요. I, II, III처럼 로마 숫자로 쓰고, 숫자가 클수록 피해도 큰 지진이에요.

> 규모와 진도는 비슷한 것 같은데, 왜 구분한 거지?

그건 지진이 같은 세기라도 어디서 일어났는지에 따라 피해가 다를 수 있기 때문이에요. 예를 들면 사람이 많이 사는 도시는 작은 지진이 일어나도 사람이 거의 살지 않는 초원보다 피해가 크겠지요. 쉽게 말하자면 규모는 지진의 진짜 세기고, 진도는 사람이 느끼는 지진의 세기랍니다.

안전 지식을 점검해 볼까?

안전 마스터! OX 퀴즈

❶ 우리나라는 지진과 관계없는 **안전 지역**이다. ············· ⓞ ⓧ

❷ 지진은 **바닷속**에서도 일어난다. ············· ⓞ ⓧ

❸ 규모 6의 지진은 규모 5의 지진보다 **열 배** 더 세다. ············· ⓞ ⓧ

❹ 우주에는 **공기가 없어서** 지진파가 퍼질 수 없다. ············· ⓞ ⓧ

❺ 큰 지진일수록 리히터 규모보다 모멘트 규모가 **더 정확하게** 측정할 수 있다. ············· ⓞ ⓧ

정답

QUIZ ❶ ⓧ 이웃 나라 일본과 중국에 비해서는 지진이 자주 생기지 않지만, 완벽하게 안전하지 않아. 우리나라는 1년에 크고 작은 지진이 약 72번 정도 일어나고 있어.

QUIZ ❷ O 바닷속에서도 지진이 자주 일어나. 특히 해저 지진은 '쓰나미'라는 큰 파도를 만들기도 해.

QUIZ ❸ ⓧ 규모 1이 올라갈 때마다, 지진의 힘은 약 서른두 배나 더 강해져.

QUIZ ❹ ⓧ 지진파는 공기 같은 기체나 액체뿐만 아니라 고체도 통과할 수 있어. 따라서 달이나 화성에서도 지진파가 퍼질 수 있어.

QUIZ ❺ O 리히터 규모는 지진계의 흔들림으로 재지만, 모멘트 규모는 단층의 면적이나 미끄러진 거리 등 실제 땅속을 바탕으로 계산해서 더 정확해.

3장
수상한 녀석, 지키리

땅이 흔들린다! 어떡하지?

머리 보호! 신발 신기! 물건이 떨어질 만한 곳 피하기! 흔들림이 멈춘 후 대피! 어디서든 조심조심, 혼자 행동하지 않기!

> 세이프고, 지진이 일어나면 빨리 집 밖으로 탈출해야 할까?

일단 **흔들림이 멈춘 다음에 대피**하는 게 좋아요. 섣불리 움직이면 흔들림 때문에 넘어지거나 부딪혀서 오히려 더 위험할 수 있거든요.

만약 집 안이라면 우선 탈출할 수 있게 문을 열고, 미리 가스와 전기를 끄는 게 중요해요. 그리고 머리를 다치지 않게 탁자 아래에 숨거나, 팔이나 가방으로 머리를 감싸서 보호해요. 책장과 벽걸이 텔레비전 근처 등 물건이 떨어지고 가구가 무너질 만한 곳은 피해요. 유리창 근처도 유리 조각이 튈 수 있어서 위험해요!

흔들림이 멈춘 뒤에 상황에 따라 밖으로 나가는 것이 좋아요. 밑창이 튼튼한 신발을 신고, 항상 머리 위를 조심하도록 해요. **엘리베이터는 절대 금지!** 전기가 갑자기 끊겨서 그 안에 갇히거나, 심지어 엘리베이터가 떨어질 수도 있으니 내려갈 때는 꼭 계단을 이용해요.

> 그럼, 학교에 있을 때 지진이 나면 어떡하지?

먼저 사람이 많은 학교에서는 선생님의 지시를 잘 따르도록 해요. 교실에서 지진이 일어나면 책상 아래로 들어가서 머리를 숙이고 몸을 보호해요. 과학실은 실험 약품이 깨지면 위험할 수 있으니 다른 곳으로 이동하는 편이 좋고요.

흔들림이 멈추면, 팔이나 가방으로 머리를 보호하면서 선생님을 따라 운동장으로 질서 있게 대피해요. 혹시 다치거나 이동이 불편한 친구가 있으면 서로 돕고 양보하는 것도 잊지 말고요.

실내에서 지진이 일어나면
책상 밑으로 숨는 것이 좋아요.

만약에 집이나 학교가 아닌 밖에서 지진을 겪으면?

길거리에서는 간판이나 유리창 등 떨어지는 것에 맞을 수 있어요. 그래서 공터나 운동장 같은 곳으로 피하는 것이 안전해요. 버스나 지하철 등 대중교통을 타고 있다면, 먼저 움직이지 말고 자리에 앉아 몸을 낮추도록 해요. 유리가 깨질 수 있으니 창문에서는 떨어지고, 손잡이나 의자처럼 고정된 걸 두 손으로 꼭 붙잡아요. 이후에 방송이나 승무원의 안내에 따라서 대피해요.

    자동차 안이라면 지진이 멈출 때까지 라디오나 스마트폰으로 재난 방송에 귀 기울이며 대피 안내를 확인해요. 하지만 자동차가 다리 위, 터널 안, 산비탈 근처 등에 있을 때는 위험하니 최대한 빨리 차 밖으로 빠져나가 멀리 대피하는 게 좋아요. 자동차에 불이 나거나 근처에 사고가 났을 때도 바로 내리는 게 안전하겠지요.

가방이나 팔로
머리를 보호하도록 해요.

> 지진 상황에서 꼭 기억할 것이 있을까?

밤이 되면 전기도 못 쓰고 무척 깜깜해지겠죠. 하지만 **성냥이나 라이터로 불을 켜는 건 절대 금지!** 공기 중에 가스가 새고 있어 폭발할 수 있어요. 이럴 때를 대비해 평소 집에 손전등과 건전지를 갖추면 좋아요. 또 지진이 일어나면 전선이 끊어져서 감전 등의 사고가 일어날 수 있으니 함부로 전자 기기를 만지면 안 돼요.
   119 신고나 전화는 꼭 필요할 때만 해요. 재난 상황에는 전파가 잘 터지지 않아서, 진짜 긴급한 통화가 연결되지 않을 수 있어요. 휴대 전화 배터리를 아끼는 것도 필수고요. 마지막으로 유리나 물건이 바닥에 깨져 있을 수도 있으니 실내에서도 양말과 신발을 챙겨 신어서 발을 보호해요.

> 정말 알아야 할 게 많네. 막상 지진이 났을 때 아무것도 생각이 안 날 것 같아….

지진이 자주 나는 옆 나라 일본은 가구를 한 줄로 세워 두고, 구르기 쉬운 물건을 높은 곳에 두지 않는 등 언제나 준비를 갖추고 있어요. 한국도 지진에서 100퍼센트 안전하지 않으니까 평소에 잘 대비하는 것이 좋아요.
   아파트나 학교의 **비상 대피로**를 외우고, **생존 배낭**을 미리 챙기면 든든하지요. 또 지진 같은 재난 상황에서 어디서 어떻게 만날지 **가족과 미리 약속**하도록 해요. 이렇게 준비를 철저히 하면 지진이 닥쳤을 때도 침착하게 행동할 수 있을 거예요.

4장
끝나지 않은 위험, 여진

아직 안심은 금물이야!

 지진은 땅만 흔드는 게 아니라, 주변 환경도 크게 바꿀 수 있어요. 그래서 지진이 난 뒤에도 항상 주의가 필요해요.

> 지진이 끝나고 또 지진이 난다고?

 지진은 한 번만 일어나는 게 아니라 큰 지진의 앞뒤로 작은 지진이 함께 오는 경우가 많아요. 먼저 가장 큰 지진은 **본진**이라고 불러요. 여러 번의 지진 중에서 제일 큰 피해를 주는 중심 지진이지요. 뉴스에서 '○○ 지역 규모 6.5 지진 발생'이라고 하면, 그게 바로 본진이에요.

　본진 앞에 일어나는 작은 지진은 **전진**이라고 불러요. 이 지진은 본진의 신호로 볼 수 있어요. 그리고 큰 본진이 지나간 다음에 오는 지진은 **여진**이라고 불러요. 본진 뒤에도 땅속의 힘이 안정되지 않아서 따라오는 작은 흔들림이지요. 길게는 몇 주 동안 계속 일어나요. 대부분 본진보다 약하지만, 가끔 강한 여진도 있어요. 이미 본진 때문에 피해를 입은 상태에서 여진이 오면 더 큰 재해로 이어지기도 해요. 지진이 끝난 것 같아도 안심할 수 없는 건 이 여진 때문이에요.

> 지진 이후가 더 위험하다는데, 이유가 뭐야?

 모래와 자갈을 얹은 판을 흔들면, 판 위에 쌓여 있던 것들이 와르르 무너져 내리겠지요. 바로 **산사태**의 원리예요. 지진은 땅 전체를 흔들기 때문에 평소에는 단단해 보였던 산도 무너질 수 있어요. 산의 흙과 바위, 나무가 빠른 속도로 쏟아지면 집이나 도로가 파묻

히고, 밑에 있던 사람과 동물이 다치거나 고립되어서 무척이나 위험해집니다. 갑자기 일어나기 때문에 도망치기도 어렵고요. 특히 비가 와서 축축한 곳, 경사가 가파른 곳, 그리고 나무가 적은 산에서는 산사태가 더 잘 생겨요. 나무뿌리가 흙을 꽉 잡지 못하기 때문이에요.

 땅이 물처럼 흐물흐물해지는 **액상화**도 지진 뒤에 일어날 수 있는 위험한 현상이에요. 모래나 물이 많은 땅은 지진이 나면 흙과 뒤섞이면서 진흙탕처럼 질퍽질퍽해집니다. 그러면 건물이나 전봇대가 기울어지거나 쓰러지고, 길이 끊어지거나 솟아오르고, 하수구가 물과 모래를 뿜어내기도 하지요. 심지어 길이 갑자기 움푹 꺼지며 사람이 흙 속에 빠질 수도 있어요. 우리나라에서는 2017년 포항 지진 때 처음으로 땅의 액상화가 나타났어요.

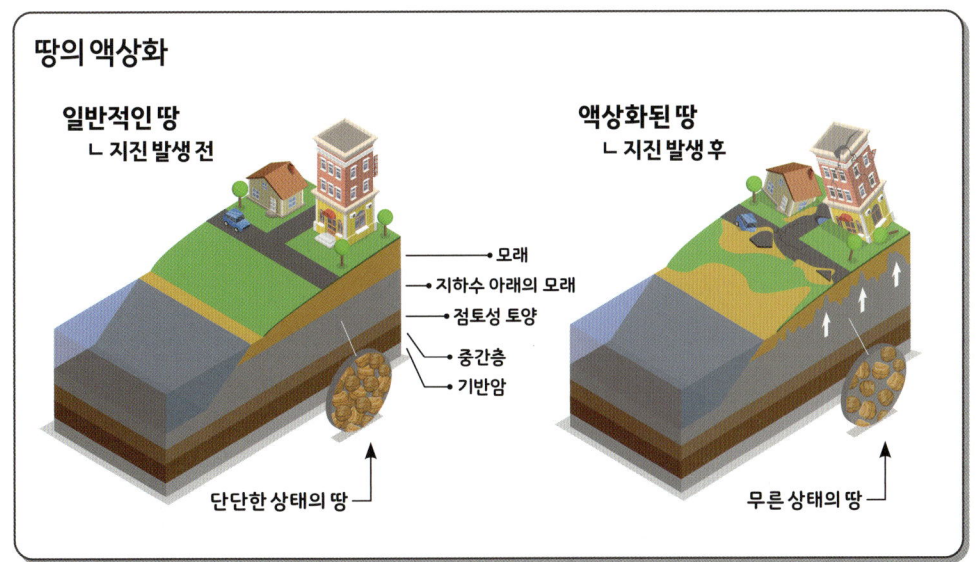

안전 지식을 점검해 볼까?

안전 마스터! OX 퀴즈

❶ 지진이 일어나면 **반드시** 땅이 갈라진다. ⭕ ❌

❷ **나무**를 많이 심으면 지진의 피해를 줄일 수 있다. ⭕ ❌

❸ 지진으로 인한 해일이 발생하면 **낮은 곳**으로 대피한다. ⭕ ❌

❹ **달**에서도 지진이 일어난다. ⭕ ❌

❺ 오늘날 지진은 과학 기술의 발달로 늦어도 **하루 전**에는 미리 알 수 있다. ⭕ ❌

정답

QUIZ ❶ ❌ 대부분의 지진은 땅속에서만 일어나고, 눈에 안 보일 수 있어.

QUIZ ❷ ⭕ 나무는 지진을 예방하거나 멈출 수 없어.
하지만 지진 때문에 일어나는 산사태의 피해를 줄여주지.

QUIZ ❸ ❌ 지진 해일이 발생하면 낮은 곳은 바닷물로 잠길 수 있어.
3층 이상의 튼튼한 건물같이 높은 곳이나 지진 해일 긴급대피장소로 신속히 피해야 해.

QUIZ ❹ ⭕ 달의 지진은 '월진'이라고 해. 1969년 아폴로 11호가 달에 지진계를 설치한 이후부터 최근까지 월진은 2만 2,000번 넘게 일어났어!

QUIZ ❺ ❌ 지진이 무서운 건 언제, 어디서, 얼마나 크게 일어날지 아는 게 어렵기 때문이야.
지진을 정확하게 예측하는 건 아직도 과학자들의 오랜 꿈이야.

5장
고마워, 생존 배낭!

이것만은 준비하고 기억하자!

 미리 **생존 배낭**을 준비하면, 지진 같은 재난 상황에서 빠르게 필요한 물건을 챙겨 대피할 수 있어요!

> 생존 배낭이라고? 배낭 안에는 어떤 게 있어?

 생존 배낭은 지진 같은 재난이 일어났을 때 꼭 필요한 물건을 담은 가방이에요. 최소 사흘 생존에 필요한 물품을 담아두기에 **72시간 가방**이라고도 부릅니다.

생존 배낭에는 다음과 같은 것들이 들어가요.

① 작은 생수병 2~3개
② 비상식량
　(초코바나 에너지바, 비스킷, 말린 과일처럼 상하지 않으면서 열량은 높은 음식이 좋아요)
③ 비상 담요, 비옷, 얇은 외투, 긴소매 옷, 속옷, 수건
④ 비상약, 소독약, 긴급 화장실 세트, 방진 마스크
　(지진 뒤에 날리는 해로운 먼지로부터 호흡기를 보호해야 해요)
⑤ 손전등, 휴대용 라디오, 건전지
⑥ 호루라기, 다목적 칼, 핀셋, 가위
⑦ 헬멧, 로프, 방수 시트, 접이식 물통, 작업용 장갑
⑧ 나에 대한 정보를 적은 메모(이름, 나이, 주소, 전화번호, 혈액형, 가족 연락처 등)

이렇게 만든 생존 배낭은 금방 찾을 수 있는 곳에 잘 보관해서 언제든지 바로 챙길 수 있도록 준비해 두는 게 좋아요.

재난 상황에 필요한 생존 배낭

> 흔들림이 멎은 뒤에는 어떡하면 좋을까?

 흔들림이 멈춰도 안심하지 말고, 본진 이후의 여진을 조심하며 안전한 곳에 머물러요. 높은 층에 있다면 여진에 건물이 무너질지도 모르니 대피소로 가는 게 좋을 수 있어요. 학교에 있다면 운동장이 안전할 거고요. 가장 중요한 건 재난 방송에 귀 기울이며 최대한 위험이 덜한 곳으로 몸을 피하는 거예요.

밖으로 나간다면 흔들림이 완전히 멈춘 뒤, 여진이 오기 전에 생존 배낭을 챙기고 밑창이 튼튼한 신발을 신도록 해요. 무너질 것 같은 건물, 전봇대나 간판 근처, 그리고 갈라지거나 액상화가 일어난 길을 피해 조심조심 걸으며 방송에서 알려주는 대피소로 이동합니다. 이때 혼자 움직이는 것보다 가족이나 친구와 함께 다니는 게 훨씬 안전해요.

 무엇보다 이런 재난 상황일수록 **가짜 뉴스나 헛소문을 주의**해야 해요. 뉴스, 재난 방송에 나오는 정보만 따르도록 합시다. 특히 혼란한 상황을 틈타 범죄나 나쁜 짓을 저지르는 사람이 많아요. 가족이나 선생님이 아닌 모르는 사람을 함부로 믿지 않고 조심하도록 해요.

다쳤을 때나 몸이 아플 때도 참지 말고 바로 어른에게 말하세요. 지진으로 수도관이 파괴되어서 수돗물은 흙이 섞이거나 더러워졌을 수 있어요. 되도록 생수병에 담긴 깨끗한 물을 마시도록 해요.

그런데 세이프고, 어딘가에 갇혀서 빠져나가지 못하면 어떡해?!

정말 위험한 상황이에요. 하지만 침착하게 행동할수록 구조될 가능성이 높아져요. 가장 중요한 건 몸을 최대한 적게 움직여서 산소와 체력을 아끼는 거예요. 그리고 답답하더라도 마스크나 수건, 옷소매로 입과 코를 덮어야 해요. 지진 뒤에는 해로운 먼지가 엄청나거든요.

　구조 요청을 한다고 계속 소리를 지르는 건 좋지 않아요. 일정한 간격을 두고 도구로 신호를 보내는 게 체력을 아낄 수 있어요. 호루라기가 있다면 짧게 여러 번 불고, 돌이나 파이프로 딱딱 소리를 내거나, 손전등 또는 휴대 전화 라이트 불빛을 깜박여서 내가 있는 곳을 알릴 수 있어요. 휴대 전화를 쓸 수 있다면 119와 가족에게 전화나 문자를 통해 내 위치를 보내요.

　마지막으로 끝까지 포기하지 말고 희망을 잃지 않아야 해요. 2023년 튀르키예-시리아 지진 이후에는 건물 잔해에 200시간이나 넘게 갇혀 있다가 구조된 사람들도 있답니다.

2023년 2월 6일에 일어난 튀르키예-시리아 지진 이후의 모습

6장
도시를 복구해라!

세이프고의 안전 데이터

인류를 위협한 지진들

인류는 오랜 세월 동안 크고 작은 지진을 수많이 겪어 왔어요. 지금도 지구에서는 1년에 50만 번이나 지진이 일어난다 해요(하지만 사람이 느낄 수 있는 지진은 10만 번 정도예요). 그래서 전 세계의 많은 과학자가 지진을 예측하고 지진으로 인한 피해를 줄이는 방법을 연구하고 있답니다.

> 옆 나라 일본은 우리나라보다 큰 지진이 훨씬 자주 일어나는데, 지진이 잘 생기는 지역이 있는 거야?

맞아요. 지진은 특정한 지역에서 집중적으로 일어나요. 바로 판의 경계가 있는 곳이에요. 이렇게 경계들이 모여 지진과 화산 활동이 활발한 지역을 **조산대**라고 불러요. 대표적인 조산대로는 세 곳이 있어요.

　태평양 바다를 둥글게 빙 둘러싼 모양의 **환태평양 조산대**에는 일본, 인도네시아, 뉴질랜드, 미국 서부, 캐나다, 칠레, 페루 등의 나라가 있어요. 지구에서 발생하는 지진의 90퍼센트, 특히 강한 지진의 80퍼센트가 일어나는 곳이지요. 화산 활동도 많아서 **불의 고리**라는 별명이 붙었을 정도예요. 인류 역사상 가장 큰 지진이었던 1960년 칠레 발디비아 지진과 2011년 일본 도호쿠 지진(동일본대지진)이 여기서 일어났어요. 우리나라도 환태평양 조산대에서 멀지 않은 곳에 있어요.

　유럽에서 아시아까지 이어지는 산맥 지역인 **알프스-히말라야 조산대**에는 알프스산맥 근처의 이탈리아, 스위스, 프랑스, 터키, 그리스 등의 나라와 히말라야산맥 근처의 네팔, 인도, 티베트 등의 나라가 걸쳐 있어요. 이곳에서 전 세계 지진의 15퍼센트 정도가 발생하지요. 산이 많은 지형이라 지진이 일어나면 산사태 피해가 커요. 1950년 아삼-티베트 지진 때는 산사태로 홍수가 일어나 많은 마을이 물에 잠겼어요.

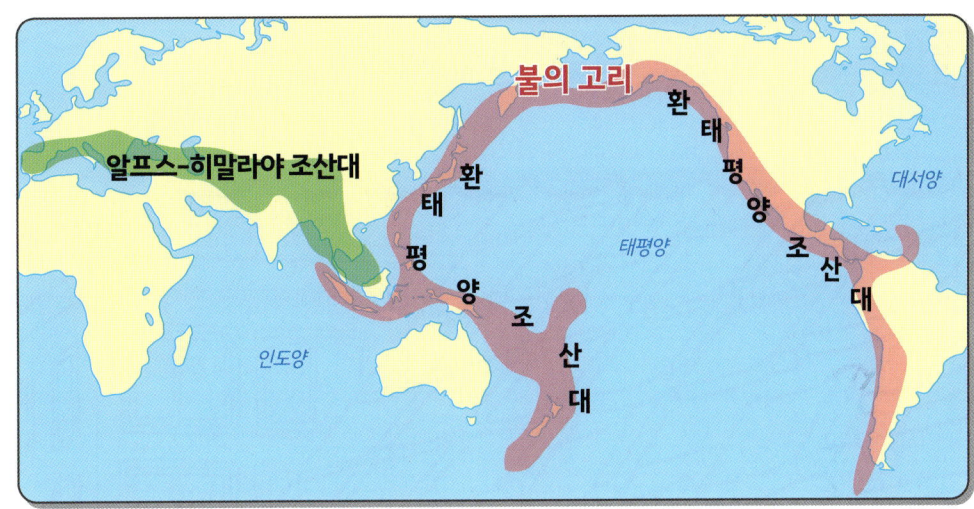
환태평양 조산대와 알프스-히말라야 조산대

 마지막 조산대는 바닷속에 있어요. 바로 대서양 한가운데에 있는 **중앙 해령 조산대**예요. 북극해에서 아프리카 남쪽 끝까지 15,000킬로미터 길이로 이어진 대규모 해저 산맥을 따라 나 있지요. 유럽의 아이슬란드와 그린란드, 아프리카의 여러 나라가 이 조산대의 영향을 받아요. 이곳의 지진은 바다 깊은 곳에서 일어나 육지 피해는 거의 없고 해일도 발생하지 않지만, 해양 지질 연구에 중요해요.

그렇구나. 혹시 다른 이유로 지진이 일어나기도 할까?

 판의 이동이나 화산 폭발 같은 자연 현상이 지진의 원인이 되기도 하지만, 사람도 지진을 일으키기도 해요. 바다에서 핵 실험을 하거나, 댐에 많은 물을 저장하거나, 광산에서 광물을 캐는 과정에서 땅속 구조가 변해 **인공 지진**이 일어나기도 한답니다.

 지진은 언제 어디서든 발생할 수 있고, 우리나라도 예외는 아니에요. 우리나라에서 기록된 가장 큰 지진은 2016년 경주 지진과 2017년 포항 지진으로, 모두 비교적 최근에 일어난 지진이지요. 어쩌면 앞으로 더 큰 지진이 올지도 모르니, 우리도 이제 지진에 단단히 대비해야 한답니다.

그림 및 사진 출처

※ 게티이미지와 퍼블릭도메인을 사용했습니다.

지진

글 | 조주희 그림 | 우기연
원화 | 주식회사 카카오
정보글 | 김한아

1판 1쇄 발행 | 2025년 6월 25일
1판 2쇄 발행 | 2025년 8월 11일

펴낸이 | 김영곤
책임편집 | 우경진
프로젝트1팀 | 이명선 김현정 권정화 오지애 최지현 채현지
마케팅팀 | 남정한 한경화
영업팀 | 정지은 한충희 장철용 강경남 황성진 김도연 이민재
디자인팀 | 한성미 임민지 **제작팀** | 이영민 권경민

펴낸곳 | ㈜북이십일 아울북
출판등록 | 2000년 5월 6일   제406-2003-061호
주소 | (10881) 경기도 파주시 회동길 201(문발동)
전화 | 031-955-2100(대표) 031-955-2177(팩스)
홈페이지 | www.book21.com

ISBN | 979-11-7357-325-5 74400

책값은 뒤표지에 있습니다.
잘못 만들어진 책은 구입하신 서점에서 교환해 드립니다.

Licensed by Kakao Corp.
본 제품은 주식회사 카카오와 라이선스 정식 계약에 의해
아울북, ㈜북이십일에서 제작·판매하는 것으로 무단 복제 및 판매를 금합니다.

- 제조자명 : ㈜북이십일
- 주소 및 전화번호 : 경기도 파주시 문발동 회동길 201(문발동) / 031-955-2100
- 제조연월 : 2025.08.
- 제조국명 : 대한민국
- 사용연령 : 3세 이상 어린이 제품